TIME FOR KIDS

Lugares del mundo

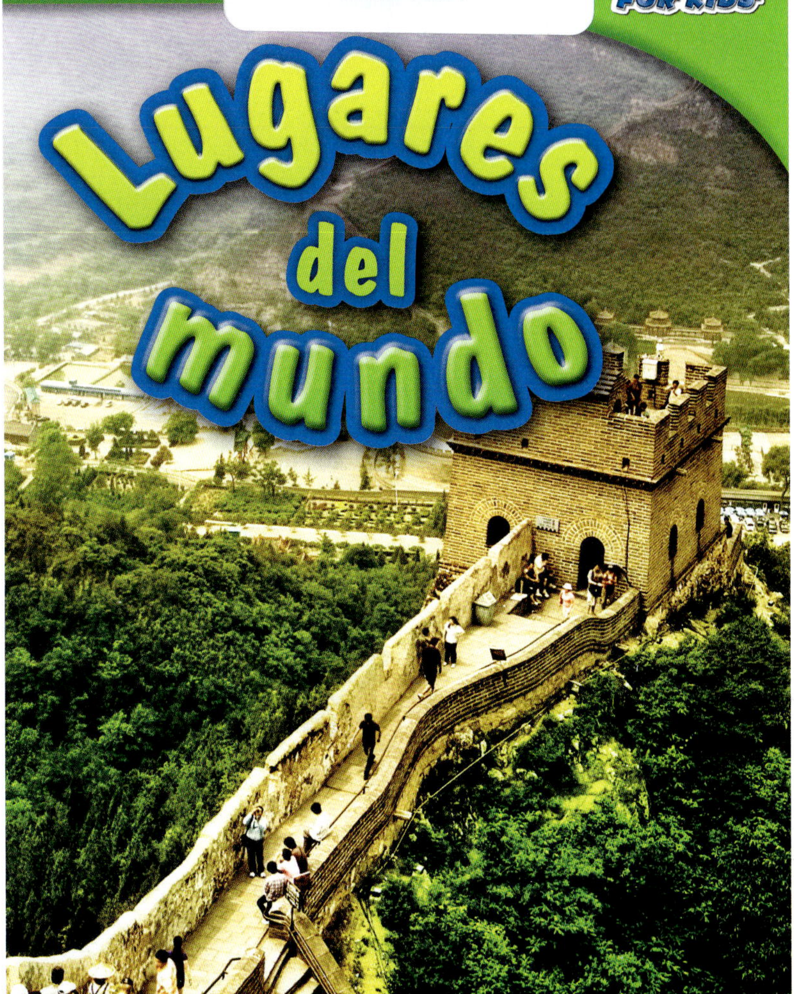

Dona Herweck Rice

Asesor

Timothy Rasinski, Ph.D.
Kent State University

Créditos

Dona Herweck Rice, *Gerente de redacción*
Robin Erickson, *Directora de diseño y producción*
Lee Aucoin, *Directora creativa*
Conni Medina, M.A.Ed., *Directora editorial*
Ericka Paz, *Editora asistente*
Stephanie Reid, *Editora de fotos*
Rachelle Cracchiolo, M.S.Ed., *Editora comercial*

Créditos de las imágenes

Cubierta Subbotina Anna/Shutterstock; p.4 photobank.kiev.ua/Shutterstock, Four Oaks/Shutterstock; p.5 Lazar Mihai-Bogdan/Shutterstock, iPics/Shutterstock; p.6 Galyna Andrusko/Shutterstock, Bufflerump/Shutterstock, Jan Martin Will/Shutterstock, Johnny Lye/iStockphoto, modestlife/Shutterstock, opt out/Shutterstock, Keith Levit/Shutterstock, p.7 Luciano Mortula/Shutterstock, Tian Zhan/iStockphoto, gkgraphics/iStockphoto, Jan Kratochvila/Shutterstock; p.8 Galyna Andrushko/Shutterstock; p.9 Bufflerump/Shutterstock, lrafeal/Shutterstock. Christian Wilkinson/Shutterstock; p.10 Johnny Lye/iStockphoto, Richard Peterson/Shutterstock, Kent Sorenson/Shutterstock,; p.11 modestlife/Shutterstock, Oleg Znamenskiy/Shutterstock, Keith Levit/Shutterstock; p.12 Trazan9280/iStockphoto; p.13 gkgraphics/iStockphoto, Andrej Glucks/Shutterstock; p.14 opt out/Shutterstock, Venaiman Krakov/Shutterstock; p.15 Luciano Murtula/Shutterstock; p.16 Jan Kratochvila/Shutterstock; p.17 covenant/Shutterstock, Jiri Haureljuk/Shutterstock; p.18 Volodymyr Goinyk/Shutterstock; p.19 Williem Tims/Shutterstock, Volodymyr Goinyk/Shutterstock; back cover Tian Zhan/iStockphoto

Basado en los escritos de *TIME For Kids.*

Teacher Created Materials
5301 Oceanus Drive
Huntington Beach, CA 92649-1030
http://www.tcmpub.com

ISBN 978-1-4333-4433-6

Printed in China 51497

Tabla de contenido

¡Vamos!

El mundo está lleno de lugares maravillosos. Pero no tienes que ir a ninguna parte para verlos.

¡Sólo tienes que dar vuelta a la página!

El mundo

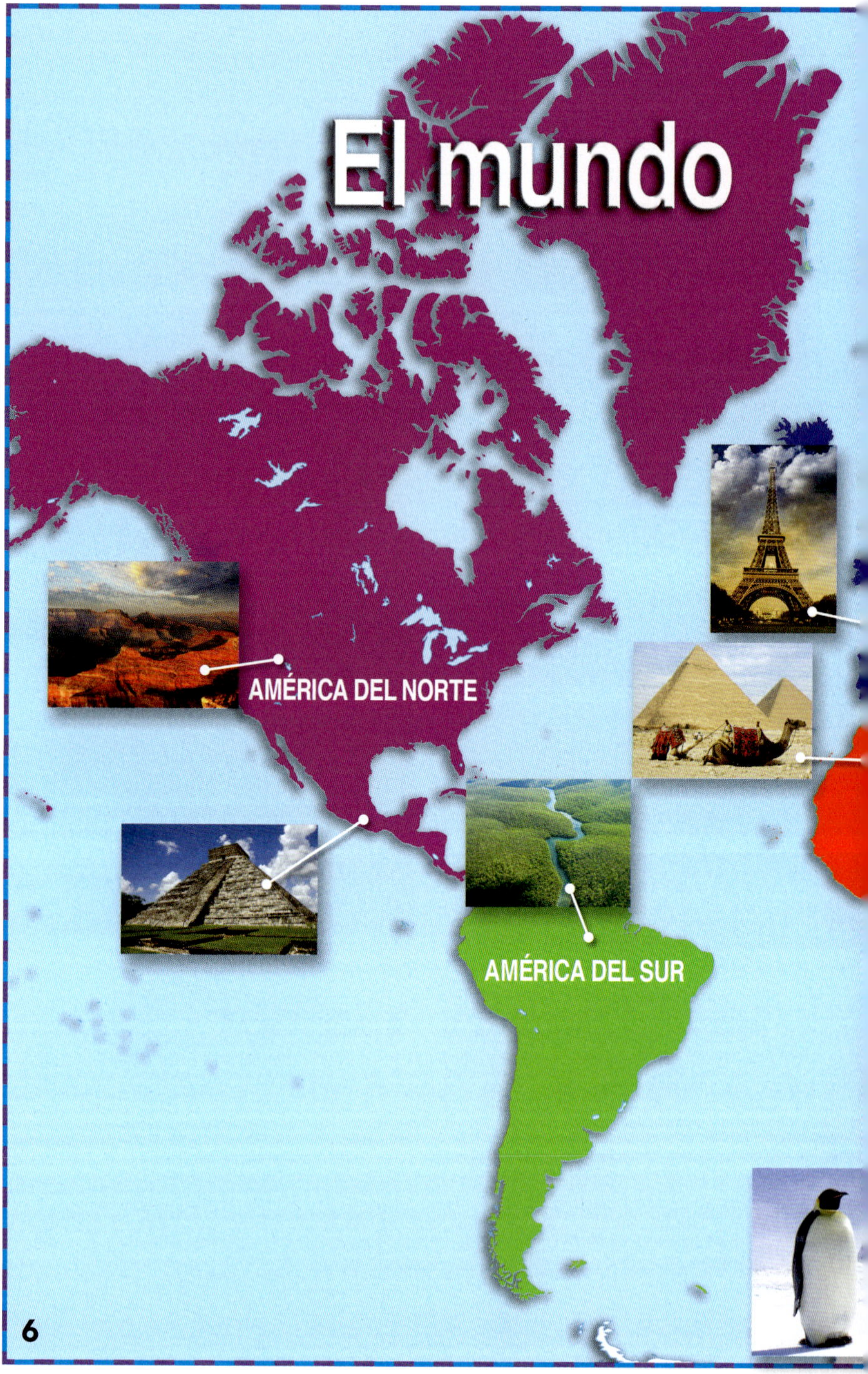

¿A dónde te gustaría ir? ¿Qué te gustaría ver?

América del Norte

El Gran Cañón está en Arizona. Es muy ancho y profundo.

México es un país muy, muy antiguo. Allá también encontrarás algunas pirámides antiguas.

América del Sur

El río Amazonas está en Brasil y lleva más agua que cualquier río del mundo.

La selva tropical amazónica se extiende alrededor del río. Muchas plantas y animales poco comunes habitan allí.

África

En África, puedes ver las pirámides en Egipto. Las momias antiguas fueron enterradas allí.

También hay terreno verde y frondoso. Puedes ir de safari para ver los animales salvajes.

Asia

El Taj Mahal es un edificio en la India. Hace muchos años, un hombre lo construyó para que la gente se acordara de su esposa.

En China, puedes encontrar la construcción más larga del mundo. Se llama la Gran Muralla de China. Un rey la construyó para protegerse de sus enemigos.

Europa

La Torre Eiffel es una construcción alta en Francia. Puedes subir a lo alto de la torre y ver toda la ciudad.

En Italia, encontrarás un edificio muy particular que se inclina hacia un lado. Se llama la Torre inclinada de Pisa.

Australia

En Australia, puedes escuchar buena música en la casa de la Ópera de Sidney. A gente de todo el mundo le gusta visitarla.

La gente también visita Australia para ver los animales poco comunes.

La Antártida

Algunas personas también viajan a la Antártida, pero no viven allí. Es demasiado frío.

¡Pero los pingüinos viven allí! Ellos creen que el frío es perfecto.

Palabras para aprender

África
América del Norte
América del Sur
Antártida
antiguo
Arizona
Australia
Brasil
China
Egipto
Europa
Francia
frondoso
Gran Cañón
Italia
India
maravillosos
México
momias
mundo
país
pingüinos
Pisa
pirámides
poco comunes
río Amazonas
safari
selva tropical
Sidney
Taj Mahal
Torre Eiffel